SAVAIS-TU?
Les Crapauds

SAVAIS-TU ?

Les Crapauds

Alain M. Bergeron
Michel Quintin
Sampar

Illustrations de Sampar

ÉDITIONS
MICHEL
QUINTIN

Catalogage avant publication de Bibliothèque et Archives
nationales du Québec et Bibliothèque et Archives Canada

Bergeron, Alain M.

Les crapauds

(Savais-tu?)
Pour enfants de 7 ans et plus.

ISBN 978-2-89435-378-3 (rel.)

1. Crapauds - Ouvrages pour la jeunesse. 2. Crapauds - Ouvrages illustrés
- Ouvrages pour la jeunesse. I. Quintin, Michel . II. Sampar.
III. Titre. IV. Collection: Bergeron, Alain M. . Savais-tu?.

QL668.E227B47 2008   j597.8'7   C2008-940158-1

La publication de cet ouvrage a été réalisée grâce au soutien
financier du Conseil des Arts du Canada et de la SODEC.
De plus, les Éditions Michel Quintin bénéficient de l'aide
financière du gouvernement du Canada par l'entremise du
Programme d'aide au développement de l'industrie de
l'édition (PADIÉ) pour leurs activités d'édition.

Gouvernement du Québec – Programme de crédit d'impôt
pour l'édition de livres – Gestion SODEC

ISBN 978-2-89435-378-3

Dépôt légal - Bibliothèque et Archives nationales du Québec, 2008
Dépôt légal - Bibliothèque et Archives Canada, 2008

© Copyright 2008

Éditions Michel Quintin
C.P. 340, Waterloo (Québec)
Canada J0E 2N0
Tél.:   450 539-3774
Téléc.: 450 539-4905
www.editionsmichelquintin.ca

08-WKT-1

Imprimé en Chine

Savais-tu qu'on appelle « crapauds » certaines espèces qui n'en sont pas?
En effet, ces espèces n'ont pas les mêmes caractéristiques physiques que
les vrais crapauds qui ont, entre autres, la peau sèche et très verruqueuse.

Savais-tu qu'ensemble les grenouilles et les crapauds forment un groupe de 2 800 espèces différentes? De ce nombre, à peine 300 espèces sont de vrais crapauds.

Savais-tu que chaque verrue est constituée de glandes? Ces glandes sécrètent un poison nauséabond et de mauvais goût qui éloigne les prédateurs.

Savais-tu que, chez certaines espèces, ce poison est assez puissant pour rendre malade ou même tuer un serpent ou un chien? Aussi, certains humains sont morts d'avoir mangé le crapaud marin.

Savais-tu que le crapaud marin est le plus gros des crapauds? Il peut atteindre 23 centimètres de long.

Savais-tu qu'il est faux de croire que les crapauds peuvent donner des verrues aux humains?

Savais-tu que les crapauds sont nocturnes? Le jour, ils se réfugient dans les endroits sombres et humides pour se protéger du soleil et des prédateurs.

Savais-tu que les crapauds se nourrissent principalement d'insectes, d'araignées, de limaces et de vers de terre? Ils jouent d'ailleurs un

rôle important dans l'environnement en mangeant un grand nombre d'insectes nuisibles.

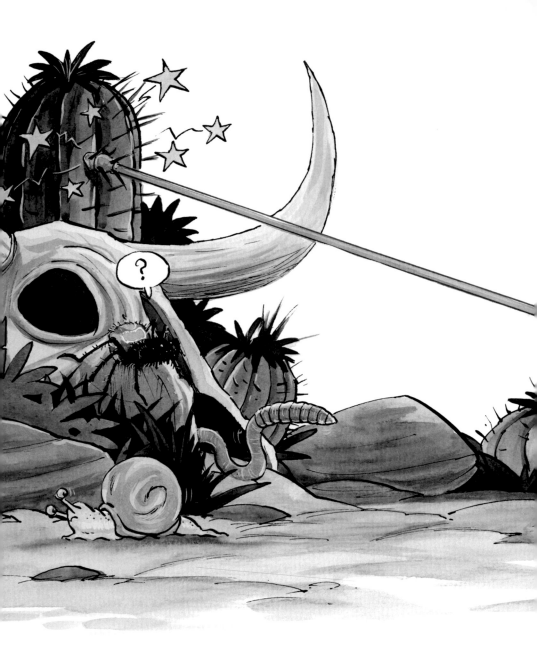

Savais-tu qu'ils attrapent leurs proies avec leur longue langue collante et les avalent ensuite tout rond? Ils tirent la langue si rapidement que leurs proies ont peu de chance de s'échapper.

Savais-tu que les crapauds sont des animaux à sang froid? La température de leur corps varie en fonction de celle du milieu ambiant.

Savais-tu que, dans les régions tempérées, les crapauds hibernent? Pour ne pas geler, ils s'enfouissent sous la terre ou sous des racines, là où la

température est au-dessus du point de congélation. Ils passent ensuite à un état de torpeur.

Savais-tu que, chez les adultes, la respiration s'effectue à la fois par les poumons et par la peau?

Savais-tu que les crapauds sont des amphibiens? Ils vivent la première partie de leur vie dans l'eau, et l'autre sur terre.

Savais-tu que les crapauds adultes sont des animaux terrestres? C'est seulement lors de l'accouplement – qui a lieu au printemps – qu'ils se rendent à l'eau.

Savais-tu que, pendant cette période, les mâles appellent les femelles par des chants qu'on peut entendre à des kilomètres à la ronde? C'est

d'ailleurs en grand nombre qu'ils se rassemblent dans les marais et les étangs.

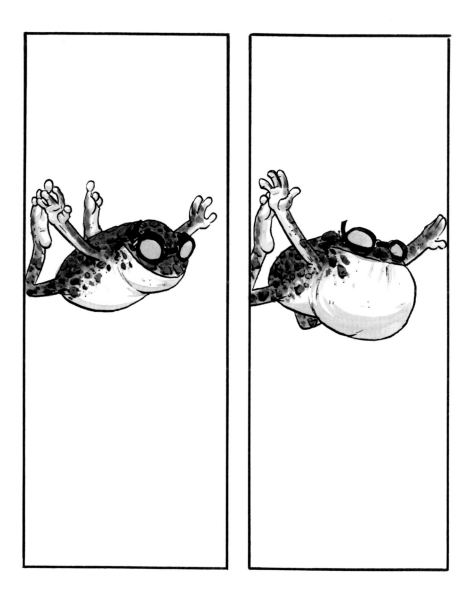

Savais-tu que seuls les mâles ont une poche sous la gorge? Pour produire leur appel, ils gonflent ce sac vocal qui agit comme une caisse de résonance.

Savais-tu que chaque espèce possède une voix particulière?
C'est d'ailleurs à ce chant que la femelle reconnaît le mâle de
son espèce.

Savais-tu que, pour s'accoupler, le mâle se pose sur le dos de la femelle et l'étreint vigoureusement sous les aisselles? Il peut rester dans cette

position plusieurs jours de suite, jusqu'à ce que la femelle ait pondu tous ses œufs.

Savais-tu que, parfois, plusieurs mâles tentent en même temps de s'accoupler avec la même femelle? Il arrive que sous ce poids énorme la femelle meurt étouffée ou noyée.

Savais-tu qu'au fur et à mesure que la femelle pond, le mâle libère sa semence qui féconde les œufs? Tout comme ceux des poissons, les œufs

n'ont pas de coquille dure, ils sont plutôt protégés par une enveloppe gélatineuse.

Savais-tu qu'il arrive qu'un mâle étreigne un autre mâle par erreur?
Cependant, un coassement réprobateur le dissuade rapidement.

Savais-tu qu'il est rare qu'un mâle étreigne une femelle ayant déjà pondu ses œufs? Lorsque c'est le cas, la femelle produit un cri, faisant ainsi

savoir qu'elle n'a plus d'œufs à pondre. Cela suffit pour que le mâle s'éloigne.

Savais-tu qu'une femelle pond plusieurs milliers de petits œufs par saison? Le crapaud d'Amérique, par exemple, peut pondre jusqu'à 25 000 œufs par étreinte et le crapaud marin, jusqu'à 30 000.

Savais-tu qu'une fois la saison des amours terminée, les crapauds deviennent silencieux et retrouvent leur solitude?

Savais-tu que de l'œuf sort un têtard? Bien différent de ses parents, il respire sous l'eau par des branchies, a une longue queue, des dents, et se nourrit de plantes.

Savais-tu que le têtard perdra ensuite queue, branchies et dents, mais que quatre pattes vont lui pousser?

Savais-tu que ce n'est qu'une fois complètement transformé en petit crapaud qu'il ira vivre sur la terre ferme? Aussi, il grandira toute sa vie.

Savais-tu que beaucoup d'œufs et de têtards sont mangés par les poissons? C'est en partie grâce à son fort taux de reproduction que l'espèce réussit à survivre.

Savais-tu qu'à l'état sauvage, certains adultes pourront atteindre l'âge de 17 ans?

SAVAIS-TU qu'il y a d'autres titres?

Les Dinosaures

Les Piranhas

Les Rats

TOUT EN **COULEURS**